Fiche **philosophe**

Par Eric Fourcassier

Malebranche

LePetitPhilosophe.fr

MALEBRANCHE

PHILOSOPHE, PRÊTRE ET THÉOLOGIEN FRANÇAIS

- **Né en 1638 à Paris**
- **Décédé en 1715 à Paris**
- **Quelques-unes de ses œuvres :**
  - *De la recherche de la vérité* (1674-1678)
  - *Traité de la nature et de la grâce* (1680)
  - *Entretiens sur la métaphysique et sur la religion* (1688)

Nicolas Malebranche est **avant tout un ecclésiastique** : alors qu'il n'est encore qu'un adolescent, l'étude intellectuelle n'exerce aucune attirance sur le jeune homme qui ne se sent de vocation que pour le service de l'Église. Entré à la congrégation de l'Oratoire, Malebranche s'adonne dès l'âge de vingt-deux ans à la vie religieuse. C'est à cette époque qu'il découvre **l'œuvre de saint Augustin**, qui imprègnera profondément son interprétation de la foi chrétienne.

Par la suite, Malebranche découvre **le *Traité de l'homme* de Descartes**. L'impression est alors si vive que le jeune prêtre, plein d'une ardeur nouvelle, décide de **se consacrer à l'étude de la philosophie** qu'il dédaignait jusqu'alors. Rapidement, sa lecture perspicace de Descartes le conduit à **élaborer ses propres conceptions philosophiques**, qui attirent bientôt l'attention de toute l'Europe savante du XVIIe siècle par leur originalité et leur audace. Malebranche acquiert ainsi une grande réputation et de nombreux partisans, mais il s'attire également de féroces inimitiés. Sa mort laisse une **œuvre considérable âprement discutée** par les plus grands philosophes qui lui ont succédé, depuis Locke jusqu'à Merleau-Ponty, en passant par Leibniz, Hume, Rousseau ou encore Bergson.

BIOGRAPHIE

LA VOCATION RELIGIEUSE

Rien ne semblait destiner cet homme de foi, sans grande inclination pour l'étude intellectuelle, à devenir l'un des plus éminents philosophes cartésiens de son temps. Né à **Paris en 1638**, l'enfant jouit des avantages qu'assure à la famille la fonction du père, alors secrétaire du roi Louis XIII (1601-1643). Mais Nicolas Malebranche a une **santé fragile** et c'est au domicile familial qu'il reçoit son instruction, sans grande passion, jusqu'à l'âge de seize ans.

Entré en **1654** au **collège de la Marche**, il découvre la pensée d'Aristote (384-322 av. J.-C.). Mais Malebranche ne se trouve **aucun gout pour l'étude philosophique**. Sa vocation est ailleurs : il sera prêtre. À **la Sorbonne**, il étudie alors **la théologie**. Cependant, c'est une nouvelle déception : l'enseignement qu'on y délivre, encombré de scolastique étouffante, ne le satisfait guère.

Diplômé en **1660**, Malebranche rejoint la **congrégation religieuse de l'Oratoire** de la rue Saint-Honoré. Là, il découvre un climat intellectuel autrement plus libre : l'autorité d'Aristote y est souvent contestée et l'influence de la pensée d'un certain René Descartes (1596-1650) s'y fait déjà sentir. Mais rien ne semble pouvoir détourner Malebranche de sa vocation religieuse et, en **1664**, il est **ordonné prêtre**.

LA RÉVÉLATION DE LA PHILOSOPHIE

C'est la même année, en 1664, que survient l'évènement décisif de sa vie. Dans une librairie de la rue Saint-Jacques, Malebranche entre en possession du *Traité de l'homme de Descartes*. Le choc est immédiat. Ce qu'il y découvre lui fait l'effet d'une révélation. La clarté de la pensée du philosophe, l'évidence des idées qu'il soutient et la rigueur de sa méthode éveillent chez Malebranche une **soudaine passion pour la philosophie** qu'aucun de ses maitres n'avait su lui communiquer.

Mais cet intérêt dissimule quelque chose de plus essentiel encore. Car par-delà la clarté du bon sens cartésien et la rigueur méthodique, Malebranche pense apercevoir l'expression d'**une philosophie accordée à la foi chrétienne et à la pensée théologique d'Augustin** (354-430) qu'il admire tant. Dès lors, l'idée d'une synthèse du cartésianisme et de l'augustinisme se fait jour, et avec elle **l'espoir d'une nouvelle apologétique chrétienne**. Le projet de Malebranche est né : il se fera l'artisan de cette synthèse nouvelle de la raison et de la foi pour la gloire de la religion chrétienne.

La vie de Malebranche se déroule dès lors presque exclusivement dans l'enceinte de l'Oratoire. Il médite, écrit et entretient bientôt, par une **abondante correspondance**, de vifs et passionnés échanges avec les philosophes et théologiens les plus illustres de l'Europe.

L'HEURE DE L'ÉCRITURE ET DE LA POLÉMIQUE

Sa **renommée** commence en **1674-1675** avec la publication des premiers volumes de son ouvrage intitulé *De la recherche de la vérité*. Prolixe, Malebranche fait publier dès l'année suivante ses *Conversations chrétiennes* qui rencontrent le même succès. Le débat s'ouvre alors et les objections qu'il reçoit l'incitent à publier un volume d'*Éclaircissements* complétant *De la recherche de la vérité*.

Mais c'est en **1680**, date de la publication de son *Traité de la nature et de la grâce*, que le **caractère polémique de sa pensée** s'affirme. Bossuet (1627-1704) et Fénelon (1651-1715) manifestent leur désaccord, et le célèbre théologien Antoine Arnauld (1560-1619) formule dans son livre *Des vraies et fausses idées* une attaque en règle contre la théorie de la connaissance défendue par Malebranche.

En **1683 et 1684**, Malebranche réplique en publiant coup sur coup ses M*éditations chrétiennes et métaphysiques* et son *Traité de morale*. La **controverse** enfle : face à Arnauld, Malebranche ne cède pas et défend obstinément ses idées. Toutefois, il décide de rédiger de nouveaux éclaircissements et, dans un livre intitulé *Entretiens sur la métaphysique et*

sur la religion, publié en **1688**, il reprend l'exposé systématique et complet de sa philosophie.

Suivent en **1696** trois ***Entretiens sur la mort*** puis, en **1697**, un ***Traité de l'amour de Dieu*** dans lequel Malebranche prend position dans une **nouvelle polémique** qui l'oppose à Fénelon et aux défenseurs du quiétisme, qui prônent un abandon total à Dieu. En **1707**, la publication de son ***Entretien entre un philosophe chrétien et un philosophe chinois sur l'existence de Dieu***, lui vaut une accusation d'athéisme. Plusieurs de ses ouvrages seront d'ailleurs par la suite mis à l'Index.

Enfin, sérieusement affecté par la maladie qui le fait terriblement souffrir depuis 1694, Malebranche **meurt en 1715**.

CONTEXTE PHILOSOPHIQUE

UN « GRAND SIÈCLE »

Il suffit d'énumérer les noms des philosophes et des savants qui furent contemporains de Malebranche pour mesurer la **richesse du contexte intellectuel** de son époque.

Sous l'impulsion de la nouvelle conception du monde développée par **Descartes** et par **Galilée** (1564-1642), qui repose sur l'emploi des mathématiques dans les sciences de la nature, les plus grands esprits rivalisent de génie et accomplissent quelques-unes des **avancées les plus décisives de l'histoire des sciences** :

- William Harvey (1578-1657) découvre la circulation sanguine (1628) ;
- Blaise Pascal (1623-1662) effectue ses expériences sur le vide (1648) ;
- Gottfried Wilhelm Leibniz (1646-1716) découvre le calcul infinitésimal (1675) ;
- Isaac Newton (1642-1727) publie et formule la théorie de la gravitation universelle (1686), etc.

La **philosophie** voit quant à elle s'épanouir dans l'élan du rationalisme de Descartes des pensées aussi diverses que celles de Blaise Pascal, Baruch Spinoza (1632-1677), John Locke (1632-1704) ou encore Gottfried Wilhelm Leibniz.

Même **les arts et les lettres** reçoivent la marque de la pensée moderne. Depuis la peinture hollandaise jusqu'à la poésie de Jean de La Fontaine (1621-1695), en passant par les œuvres de Pierre Corneille (1606-1684), Jean Racine (1639-1699) et bien d'autres, l'art porte le témoignage éloquent de l'épanouissement de la subjectivité moderne propre au XVIIe siècle.

Partout, les sciences, les arts et les lettres, en plein essor, répandent l'esprit de la philosophie moderne.

LA « CRISE DE LA CONSCIENCE EUROPÉENNE »

Ce climat d'exceptionnelle effervescence intellectuelle est **la conséquence de** ce que l'historien Paul Hazard a appelé la « **crise de la conscience européenne** ».

L'Europe, en ce XVIIe siècle, est en effet en proie à une profonde et conflictuelle évolution de sa mentalité : tandis que subsiste un penchant marqué pour l'ordre et l'autorité de la foi, l'essor de la raison et de la libre pensée introduit le doute et le ferme d'une contestation qui annonce déjà les révolutions du siècle suivant.

Ainsi **s'affrontent « deux grands systèmes du monde »,**

selon l'expression de Galilée :

- d'un côté prévaut encore **l'ordre surnaturel de la foi**, qui fonde l'autorité de l'État monarchique et de l'Église ;
- de l'autre s'affirment **l'ordre rationnel et la libre-pensée**, qui fonde l'autorité de la philosophie moderne et de la science.

Ce tiraillement se retrouve dans la vie et l'œuvre de Malebranche.

D'un point de vue philosophique, Descartes et Galilée précipitent le déclin de la pensée scolastique médiévale. L'art des distinctions et la logique implacable hérités d'Aristote ne sont pas du gout du philosophe moderne qui n'y voit qu'une manière habile mais stérile d'argumenter. C'est à présent aux **mathématiques** qu'on emprunte les méthodes afin de fonder une philosophie et une science nouvelles, sous l'égide de la raison.

MALEBRANCHE : UN CARTÉSIEN ORIGINAL

Au carrefour de cette tension propre à la modernité naissante, la pensée de Malebranche conjugue **deux influences principales** :

- celle de **saint Augustin** lui fournit d'abord une interprétation de la foi chrétienne comme **itinéraire intérieur de l'âme vers Dieu**. Ce que l'homme découvre dans l'intimité de son âme lorsqu'il consent à rentrer en lui-même n'est pas une identité close sur elle-même, mais une ouverture à Dieu lui-même ;

• celle de **Descartes**, grâce à laquelle Malebranche fait son entrée en philosophie. L'assurance de **la méthode cartésienne et la clarté des idées** du philosophe séduisent immédiatement le prêtre.

Tandis qu'une lecture hâtive tendrait à opposer le rationalisme de Descartes et la foi augustinienne, Malebranche perçoit une continuité : selon lui, on trouve chez les deux penseurs **le même mouvement d'introspection**.

C'est dans la méditation de l'œuvre de Descartes que Malebranche trouve les moyens intellectuels qui lui permettent d'édifier une philosophie nouvelle. En cela, Malebranche est d'abord cartésien, mais **un cartésien original et hétérodoxe** : « On ne vit jamais plus de solidité, plus de justesse, plus d'étendue et de pénétration que celle qui parait dans ses ouvrages, je l'avoue, mais il n'était pas infaillible [...]. Je dois à M. Descartes, ou à sa manière de philosopher, les sentiments que j'oppose aux siens et la hardiesse de le reprendre », confie Malebranche dans *De la recherche de la vérité* (tome 2, p. 449).

À ce titre, Malebranche mérite bel et bien de **figurer parmi les représentants les plus significatifs** de ce que Maurice Merleau-Ponty (1908-1961) **nomme le « grand rationalisme »**. Cette appellation désigne les philosophes cartésiens pour qui l'Être (la totalité de ce qui est), loin de s'expliquer tout entier par la science, demeure incompréhensible sans Dieu en qui réside le principe « infiniment infini » de toute réalité.

PENSÉE ET APPORT

La philosophie de Malebranche est une tentative visant à **concilier l'apport de la philosophie de Descartes et la foi chrétienne**. Car la raison et la foi, expressions du Verbe divin (la parole de Dieu dans les Évangiles), sont nécessairement unies en lui. Il s'agit donc de **saisir l'unité fondamentale de la raison et de la foi**, par-delà leurs oppositions de surface qui ruinent la philosophie et déchirent l'âme humaine.

LA CRITIQUE DU « *COGITO* » CARTÉSIEN

Pour découvrir l'union inapparente et paradoxale de la raison et de la foi, il importe de méditer sur cet être mystérieux qu'est l'homme. C'est pourquoi la connaissance de l'homme constitue pour Malebranche la connaissance la « plus belle [...] et la plus nécessaire » qu'on puisse acquérir.

La distinction de l'âme et du corps

Si, pour se connaitre, Malebranche convient, à la suite d'Augustin, qu'il faut « rentrer en soi-même », c'est à Descartes et à sa fameuse distinction de l'âme et du corps qu'il doit le premier élément d'une connaissance certaine de soi-même.

Tandis que le corps, par les organes des sens, nous offre du monde une idée fort incertaine, notre pensée, elle, recèle une certitude indubitable : **si je pense, il est en effet certain que je suis, que j'existe**. Mes sens peuvent en effet me tromper sur la réalité de ce que je perçois (songeons aux illusions d'optique par exemple), mais il reste certain que c'est bien moi qui pense, quand bien même je me trompe. En cartésien convaincu, Malebranche sait gré à Descartes d'avoir ainsi soustrait l'âme aux illusions du corps (citation 1).

Sentiment de soi versus connaissance de soi

Toutefois, Malebranche refuse d'accorder à cette certitude de notre existence le statut de fondement de toute connaissance, comme le fait Descartes : **par la pensée, nous savons seulement que nous sommes, mais pas encore ce que nous sommes** (citation 2).

Se sentir, en effet, n'est pas se connaitre. L'âme se vit elle-même, s'éprouve de l'intérieur, mais ne se connait pas elle-même à la manière d'un objet posé devant elle qu'elle pourrait examiner de l'extérieur pour en relever les propriétés. Nous n'avons de notre âme qu'un simple sentiment intérieur par lequel nous éprouvons, dans le plaisir ou dans la peine, divers états de nous-mêmes sans jamais pouvoir les observer du dehors comme des choses.

L'âme obscure à elle-même

Loin d'accéder à une connaissance claire et distincte de nous-mêmes, **nous ne pouvons qu'éprouver les diverses modifications de notre âme de manière obscure et confuse**. Il faut donc corriger l'affirmation cartésienne : l'âme n'est pas plus aisée à connaitre que le corps.

Dès lors, la certitude du « je pense », du cogito, perd le privilège que lui accordait Descartes. L'âme ne désigne pas la transparence d'un moi sans mystère, sans zone d'ombre. Nous demeurons obscurs à nous-mêmes. L'introspection n'est pas une connaissance de soi.

LA CONNAISSANCE OU LA VISION DES IDÉES VRAIES EN DIEU

Toutefois, si l'âme ne parvient qu'à s'éprouver elle-même sans jamais se connaitre clairement et distinctement, elle peut en revanche concevoir des idées claires et distinctes au sujet des réalités qui l'entourent. Comment notre âme acquiert-elle ainsi la connaissance d'une chose ?

L'idée, intermédiaire indispensable entre le monde et l'âme

Lorsque nous percevons une chose, le soleil ou les étoiles, chacun conviendra qu'aucune de ces choses ne pénètre elle-même en personne dans notre esprit. À l'évidence, une chose n'est présente à notre esprit qu'en tant qu'on la pense, autrement dit qu'en tant qu'on en a une certaine idée qui la représente. Par conséquent, **l'objet immédiat de notre pensée n'est pas la chose elle-même, mais l'idée que nous en avons** (citation 3).

L'idée vraie délivrée par la « Raison universelle »

Malebranche note que **toute idée n'est pas vraie**. Mais **l'homme a le privilège de disposer d'un accès à la vérité** : en consultant **la raison qui est en lui**, il découvre des vérités universelles qui s'imposent à tous. « Les Chinois voient les mêmes vérités que je vois », affirme le philosophe. Ainsi, en consultant la raison, la pensée humaine découvre à partir d'elle-même quelque chose qui ne dépend pas d'elle-même et la dépasse infiniment : il s'agit de l'idée vraie, celle qui représente adéquatement l'essence des choses, c'est-à-dire leur nature.

L'idée vraie n'a rien de subjectif. Certes, c'est bien l'homme qui, par son propre effort de pensée, aperçoit l'idée vraie, mais la vérité qu'elle contient ne dépend aucunement de lui et ne doit rien à la fantaisie de son esprit. « 2 fois 2 font 4 » : voilà une idée vraie qui, comme telle, s'impose à tous les hommes et pas seulement à un individu en particulier (citation 4).

La vision en Dieu

Connaitre ne consiste donc pas, pour Malebranche, à former des idées vraies dans l'intimité de notre pensée. La connaissance désigne l'effort par lequel l'âme s'élève hors des ténèbres où elle se trouve pour apercevoir, hors d'elle-même et dans la lumière de l'entendement divin, les idées des choses. En d'autres termes, c'est bien l'homme qui fournit un effort d'attention et d'intelligence pour atteindre le vrai, mais c'est en Dieu qu'il voit l'idée vraie. En effet, **toute idée vraie réside en Dieu**, ce qui signifie que **toute connaissance, rationnelle ou sensible, consiste pour l'âme à s'unir à Dieu** et à percevoir les idées qui résident en lui.

Telle est la doctrine de la « vision en Dieu ». C'est en Dieu que nous connaissons toute chose. Par notre effort d'attention, nous élevons notre âme dans la clarté de la lumière divine (citation 5). La raison qui nous éclaire pour atteindre le vrai est celle de Dieu.

Par-delà le rationalisme de Descartes, Malebranche retrouve ici Platon (vers 427-347 av. J.-C.), pour qui les idées vraies sont les archétypes d'après lesquels le monde sensible est créé. Dès lors, la raison et la foi, loin de s'opposer l'une à l'autre, s'unissent en réalité en Dieu, qu'elles expriment chacune à leur manière.

<u>**BON À SAVOIR**</u>

Platon appelle « Idées » les modèles intellectuels et transcendants (extérieurs et supérieurs à notre pensée) dont les réalités visibles de ce monde ne sont que les images ou copies sensibles. Il existe ainsi, par exemple, une Idée d'homme qui est comme le moule dont tous les hommes sortent, le modèle universel dont chacun est une imitation particulière ou encore l'essence qui détermine chaque existence particulière. La philosophie consiste à découvrir ces Idées, qui sont la source et la raison d'être de tout ce qui existe, par l'exercice de notre raison, coupée du monde sensible.

LA PERFECTION DU MONDE ET LA QUESTION DU MAL

La bonté de Dieu d'après la perfection de son œuvre

Si l'homme parvient, par sa pensée, à accéder au point de vue de Dieu, cela ne signifie pas qu'il connaisse Dieu lui-même. Sa connaissance est nécessairement limitée : **la vision en**

Dieu n'est pas une vision de Dieu. De même que l'âme peut être sentie mais non connue, nous pouvons savoir de façon certaine que Dieu existe mais non pas connaitre ce qu'il est. Dieu nous reste donc à cet égard caché, inconnu, invisible.

Pourtant, il existe, selon Malebranche, un moyen de dissiper en partie notre ignorance : en nous permettant d'apprécier l'ordre et la perfection du monde créé par Dieu, la raison nous permet de conclure à la bonté de son créateur et ainsi d'en approfondir la connaissance. En somme, il s'agit de **juger du créateur d'après sa création**. Cette démarche définit le projet ambitieux d'une théologie rationnelle qui, bien conduite, doit pouvoir confirmer l'idée de Dieu révélée par la foi. Autrement dit, la raison doit nous permettre de confirmer l'idée de Dieu que nous révèle la foi.

La simplicité des voies

La vision en Dieu nous éclaire ainsi sur la perfection de l'ouvrage du créateur. Dans le moindre détail de la création, **notre raison perçoit un ordre admirable** qui témoigne que Dieu a veillé à disposer toute chose avec sagesse. Car, à bien y regarder, le monde comporte une unité qui démontre que **Dieu n'a pas agi à l'aveugle**, selon diverses volontés arbitraires, **mais au contraire, selon une seule et même voie**, aussi constante et simple que juste et rationnelle. En toute chose, ce sont les mêmes lois générales qui organisent la création toute entière. Cette « simplicité des voies » utilisées est la preuve la plus sure de la perfection de l'œuvre divine. La volonté de Dieu a su maintenir le souci de la perfection de l'ensemble.

L'existence du mal

Pourtant, en dépit de cette infinie sagesse du créateur, il ne fait aucun doute que le mal et quantité de désordres existent dans le monde. Comment cet état de fait ne réfute-t-il pas la thèse de la toute-puissance et de l'infinie bonté de Dieu ?

La réponse de Malebranche est subtile. La simplicité des voies par lesquelles Dieu accomplit son œuvre ne peut manquer de donner l'occasion à l'homme de nuire à son semblable et de commettre des péchés. Mais Dieu ne saurait intervenir pour empêcher le mal car, ce faisant, il ferait exception au principe de simplicité des voies par lequel il ne se soucie que de la perfection de l'ensemble. Tous les désordres s'expliquent ainsi : **Dieu ne veut pas le mal, mais il le permet dans la mesure où la perfection de l'ensemble l'exige**. Le mal physique comme le mal moral n'entachent donc en aucun cas la suprême bonté du créateur.

De même qu'on juge meilleur un État où règnent des lois générales, égales pour tous, en dépit des crimes que commettent certains, on doit estimer parfaite la création de Dieu où l'exigence de généralité est maintenue, malgré les désordres qui peuvent surgir çà et là.

LA CAUSALITÉ DANS LE MONDE ET LA LIBERTÉ HUMAINE

L'illusion de la causalité naturelle

Les voies que Dieu emprunte ne laissent donc aucune place à l'arbitraire et au miracle, car Dieu ne saurait déroger, par des attentions particulières, à l'équilibre de l'ensemble. Nous voyons donc en quel sens le monde est parfait. Mais nous ne savons pas encore comment il est possible. Comment s'opèrent dans la nature les mouvements qu'on y observe ? Quelle cause est responsable des effets que nous constatons ?

Nous observons constamment autour de nous **quantité de relations de cause à effet**. Les choses semblent agir les unes sur les autres, de sorte que la nature nous apparait finalement comme un vaste ensemble où s'entrecroisent des forces invisibles. La pierre tombe sur le sol, le sang circule dans l'organisme, la Terre gravite autour du Soleil, et **nous pensons qu'une cause particulière est à chaque fois responsable de l'un ou l'autre de ces phénomènes**.

L'occasionnalisme

C'est là une illusion selon Malebranche. Si Dieu agit avec la plus grande économie de moyens (simplicité des voies), il ne peut avoir disséminé dans toute la nature sa propre puissance et laissé les êtres de la nature agir par eux-mêmes les uns sur les autres. En réalité, **Dieu est la seule cause de tout ce qui arrive** : ce n'est pas le cœur qui, par lui-même, est cause de la circulation sanguine, mais c'est Dieu qui fait circuler le sang à l'occasion des battements du cœur. Rien dans la nature n'agit sur rien. C'est Dieu qui accorde les mouvements entre eux, les synchronise en quelque sorte à chaque instant. Les évènements qui surviennent dans la nature ne sont que des occasions pour Dieu d'exercer sa puissance et de faire advenir lui-même les effets qu'on observe (citation 6).

Il s'agit donc de **distinguer** :

- d'une part, **les occasions**, que nous prenons abusivement pour des causes : la piqure n'est pas la cause de ma douleur, mais un simple évènement à l'occasion duquel Dieu produit en moi une sensation de douleur ;
- d'autre part, **la cause réelle** qui seule agit et produit des effets dans le monde, à savoir Dieu.

Cette doctrine, dite de l'« occasionalisme », frappe par son extravagance. Pourtant, elle offre plusieurs avantages :

- **l'épineux problème de l'union de l'âme et du corps est résolu**. Selon Malebranche, l'âme et le corps n'ont aucun pouvoir l'un sur l'autre, aucune communication d'aucune sorte. C'est Dieu et Dieu seul qui accorde les sentiments et pensées de l'âme aux mouvements du corps, sans que jamais ceux-ci n'entrent en communication directe ;
- elle anticipe sur **la notion moderne de loi scientifique**. Une loi scientifique permet de prédire, avec une précision mathématique, qu'un phénomène en causera un autre, et laisse prudemment de côté la question de savoir comment la nature opère et obtient de tels effets. David Hume (1711-1776), hors de tout contexte théologique, dé-

veloppera au XVIIIe siècle cette idée, largement partagée aujourd'hui par les épistémologues.

La liberté humaine

Si Dieu seul est la cause de tous les mouvements qui se produisent, l'homme est-il pour autant condamné à l'impuissance ? Quelle place reste-t-il pour la liberté humaine ?

Si nul n'est libre d'accomplir par lui-même aucun mouvement, en revanche, **chaque homme est libre de consentir, par la pensée, au bien que Dieu veut pour lui**. En effet, il appartient à chacun d'entre nous d'être attentif au vrai en nous détournant des sens et de l'imagination qui souvent nous égarent. Notre liberté n'est donc pas dans une capacité de mouvement, mais dans la capacité de notre esprit à s'arrêter sur l'idée vraie que nous voyons en Dieu.

Le sentiment intérieur de notre liberté n'est donc pas trompeur. Nous possédons bien un libre-arbitre, autrement dit une capacité intérieure d'accorder ou de refuser notre consentement au bien et au vrai en choisissant ou non d'y fixer notre attention.

Il existe cependant **un bon et un mauvais usage de notre libre-arbitre** :

- son mauvais usage consiste à **céder aux sollicitations du corps** (appétits sensibles et illusions de l'imagination) et, manquant d'attention, à perdre de vue la vérité et le bien qui sont en Dieu. Le péché originel s'explique ainsi par l'inadvertance d'Adam ;

- son bon usage consiste, à l'inverse, à **consentir à la volonté divine en arrêtant notre attention sur la vérité** et à résister aux penchants coupables qui nous en détournent.

Par sa liberté, l'homme dispose ainsi du privilège de contempler l'ordre du monde et d'y consentir en l'aimant. C'est là ce qui distingue l'homme des autres créatures : si sa liberté mal employée fait son malheur, son bon usage le rend **digne de la félicité** que Dieu lui réserve (citation 7). S'il n'appartient qu'à Dieu de nous rendre heureux, c'est par notre liberté et par elle seule que nous méritons de l'être.

Tout l'effort de la philosophie de Malebranche consiste à **saisir l'union de la raison et de la foi**. Pour ce faire, il s'intéresse à la connaissance de l'homme. À ce sujet, le penseur se détache de Descartes : **avoir la certitude de son existence ne signifie pas que l'on se connait**.

Toutefois, si l'âme ne peut se connaitre clairement et distinctement, elle peut concevoir des idées claires et distinctes au sujet des réalités qui l'entourent. Mais toutes les idées ne sont pas vraies. Pour accéder à la vérité, **l'homme doit, par la raison, unir son âme à Dieu, car toute idée vraie réside en Dieu**. Telle est la doctrine de la « vision en Dieu ».

Mais la vision en Dieu n'est pas vision de Dieu : celui-ci demeure inconnu. Pourtant, selon le philosophe, **l'ordre et la perfection du monde créé par Dieu nous permettent de conclure à la bonté du créateur** et ainsi de mieux le connaitre. Dieu a organisé l'ensemble du monde par les voies les plus simples. Quant à l'existence du mal, elle ne saurait être niée, mais elle ne remet pas en cause la bonté divine : Dieu permet le mal dans la mesure où la perfection de l'ensemble l'exige.

Par ailleurs, **Dieu est la seule cause de tout ce qui arrive** : c'est lui qui accorde les mouvements de la nature entre eux. Mais cela n'ôte pas pour autant toute liberté à **l'homme** : si celui-ci n'est pas libre de ses mouvements, il est cependant **libre de consentir, par la pensée, au bien que Dieu veut**

pour lui, en fixant son attention sur les idées vraies qu'il voit
en Dieu. C'est à cette condition qu'il atteint la félicité.

- ALQUIE (Ferdinand), *Le Cartésianisme de Malebranche*, Paris, Vrin, 1974.
- GOUHIER (Henri), *La Vocation de Malebranche*, Paris, Vrin, 1926.
- GOUHIER (Henri), *La Philosophie de Malebranche et son expérience religieuse*, Paris, Vrin, 1948.
- MALEBRANCHE (Nicolas), *Conversations chrétiennes*, Paris, Vrin, 2010.
- MALEBRANCHE (Nicolas), *De la recherche de la vérité*, Paris, Vrin, 2006.
- MALEBRANCHE (Nicolas), *Entretiens sur la mort*, Paris, Actes Sud, 2001.
- MALEBRANCHE (Nicolas), *Œuvres*, Paris, La Pléiade, 1979-1992.
- MALEBRANCHE (Nicolas), *Traité de morale*, Paris, GF-Flammarion, 1996.
- RODIS-LEWIS (Geneviève), *Nicolas Malebranche*, Paris, PUF, 1963.

TESTEZ VOS CONNAISSANCES !

ASSOCIEZ CHAQUE CITATION À L'EXPLICATION QUI LUI CORRESPOND

Citation 1 : « Lorsque [la lune] est élevée au-dessus de nos têtes, quoique nous sachions très certainement par la raison qu'elle est dans une très grande distance, nous ne laissons pourtant pas de la voir fort proche et fort petite. » (*De la recherche de la vérité*, Paris, La Pléiade, 1979, tome 1, livre 1, chapitre 7, p. 70)

Citation 2 : « Le sentiment que j'ai de moi-même m'apprend que je suis, que je pense, que je veux, que je sens, que je souffre, etc. mais il ne me fait point connaître ce que je suis. » (*Entretiens sur la métaphysique et sur la religion*, Paris, La Pléiade, 1992, tome 2, 3e entretien, article 7, p. 704)

Citation 3 : « L'objet immédiat de notre esprit, lorsqu'il voit le soleil, par exemple, n'est pas le soleil, mais quelque chose qui est intimement uni à notre âme, et c'est ce que j'appelle "idée". » (*De la recherche de la vérité*, Paris, Vrin, 2006, tome 1, livre 3, chapitre 1, p. 234)

Citation 4 : « Car si la raison que je consulte n'était pas la même qui répond aux Chinois, il est évident que je ne pourrais pas être aussi assuré que je le suis, que les Chinois voient les mêmes vérités que je vois. Ainsi, la Raison que nous consultons quand nous rentrons dans nous-mêmes, est une Raison universelle. » (*De la recherche de la vérité*, Paris, La Pléiade, tome 1, éclaircissement 10, p. 903)

Citation 5 : « L'attention est une prière naturelle par laquelle nous obtenons que la Raison nous éclaire. » (*Traité de morale*, Paris, La Pléiade, 1992, partie 1, chapitre 5, article 6, p. 462)

Citation 6 : « Il est évident que mon bras sera mû, non par ma volonté qui est impuissante en elle-même, mais par celle de Dieu qui ne peut jamais manquer d'avoir son effet. » (*Éclaircissements sur la recherche de la vérité*, Paris, La Pléiade, tome 1, 1979, 15e éclaircissement, p. 990)

Citation 7 : « Le principal devoir des esprits, c'est de conserver et d'augmenter leur liberté : parce que c'est par le bon usage qu'ils peuvent en faire, qu'ils peuvent mériter leur bonheur. » (*Traité de la nature et de la grâce*, Paris, La Pléiade, tome 2, 1992, 3e discours, partie 1, article 15, p. 119)

Explication a : la raison que chacun consulte est universelle et, en ce sens, enseigne des vérités immuables et nécessaires.

Explication b : le monde comporte une unité qui montre que Dieu n'a pas agi à l'aveugle, mais au contraire, selon une seule et unique voie ; c'est ce que Malebranche appelle la « simplicité des voies ».

Explication c : nous ne connaissons les choses qu'au moyen d'idées qui les rendent présentes à notre esprit.

Explication d : par les organes des sens, notre corps forme des idées qui nous induisent parfois en erreur. On ne saurait tenir pour vrai le témoignage de la réalité qu'il nous procure.

Explication e : s'il est certain que je pense, donc que j'existe, je ne peux connaitre la nature de mon âme.

Explication f : il dépend de nous de faire bon usage de notre liberté. Par là, chacun est en droit de s'estimer lui-même et se rend digne du bonheur que Dieu lui accorde.

Explication g : c'est en Dieu, raison universelle, que nous contemplons toute vérité, par un effort d'attention.

Explication h : la vision en Dieu n'est pas vision de Dieu ; cependant, nous pouvons en partie connaitre le créateur en jugeant sa création.

Explication i : Dieu ne veut pas le mal, mais il le permet dans la mesure où la perfection de l'ensemble de la création l'exige.

Explication j : Dieu est la seule cause de tout ce qui arrive dans la nature : il accorde tous les mouvements entre eux, les synchronise à chaque instant.

Rendez-vous sur lepetitphilosophe.fr et découvrez :

Plus de 1200 analyses
Claires et synthétiques
Téléchargeables en 30 secondes
À imprimer chez soi

ISBN version numérique : 978-2-8062-4954-8
ISBN version papier : 978-2-8080-0142-7
Dépôt légal : D/2017/12603/526

Conception numérique : Primento,
le partenaire numérique des éditeurs.